BHAJA GOVINDAM

of Adi Shankaracharya

Ashwini Kumar Aggarwal

जय गुरुदेव

ISBN13: 978-81-946008-4-8 Paperback Edition
ISBN13: 978-81-946008-5-5 Hardbound Edition
ISBN13: 978-81-946008-6-2 Digital Edition

Title: Bhaja Govindam of Adi Shankaracharya

Printed and Published by
Devotees of Sri Sri Ravi Shankar Ashram
34 Sunny Enclave, Devigarh Road
Patiala 147001, Punjab, India

https://advaita56.weebly.com/
The Art of Living Centre

https://www.artofliving.org/

26th April 2020, Akshay Tritiya, Lord's Satsanga

Vikram Samvat 2077 Pramathi, Saka Era 1942 Sharvari

1st Edition April 2020

जय गुरुदेव

Sri Sri Ravi Shankar

who lives the message of Adi Sankara
and restores Peace & Harmony

Preface

Ādi Śaṅkara was born in a small village named Kalady in the coastal state of Kerala and lived in the 5th century BCE – Born 509 BCE, departed 477 BCE. In a short lifespan of 32 years he travelled the length and breadth of India twice, melding minds, infusing harmony and restoring the fabric of society.

He spoke with utmost clarity and conviction. He rebuilt man's character and personality. His teachings lit the lamp of fearlessness in umpteen households.

To him is attributed the Sanatana mindset, the ritualistic practices followed in every Indian home, our amiable culture, hospitality, and excellent spiritual wisdom.

Adi Sankara pioneered the art of removing doubt from the mind and establishing an intimate relationship with God. His methods have been successfully implemented by numerous noble souls to attain Nirvana. Saints, Kings and Commoners who rose above sorrow and found peace have given him the sole credit for this rarest of rare achievement.

An intellectual world of lofty ideas, sharp debates, complicated formulas and harsh methods grips the collective human psyche. This is so subtle and all pervasive that the best of men fall in its trap, the institutes of highest learning and the jobs of fattest paying get sucked in the veil of Maya. The world to a large majority remains a dark lonely prison, with no awareness of its walls, no notion of its presence.

Shankaracharya observed this facet of life minutely during his travels. During a visit to the seat of great learning and affluence – Kashi Varanasi – his soul burst forth in a hymn that captured the senseless entanglements of man. His singing was joined by his close disciples who also added to it, and the poetry became a pointer to mankind's faulty conditioning. Boldly sung was the poem. Its cutting insight lifted the veil of ignorance from the audience, who attained liberation by its singing and faithful implementation in personal life.

This composition came to be known as Bhaja Govindam from its initial wording. It is also known as मोहमुद्गरः moham-udgara, that which lifts the veil of infatuation from one's intellect.

Ādi Śaṅkara and 14 Disciples

Our close companions reflect the traits of our intimate personality.

Here we list the fourteen disciples who sang the Bhaja Govindam with him and enriched it.

We can also consider these fifteen (like a fortnight or phases of the moon) as not different souls, rather the complete manifestation of a fully blossomed human.

SN	Verse	Teacher	Characteristic
0	1-13, 28-31	आदि शङ्कराचार्य	आदि शङ्कर आचार्य **Ādi Śaṅkara**
	The first auspicious teacher who united all		
1	14	पद्मपादाचार्य	पद्मपाद आचार्य **Padmapāda**
	Lotus grows under whose feet for support, i.e. the one who is clear at heart		
2	15	तोटकाचार्य	तोटक आचार्य
	Toṭakacharya. Whose verses of enlightenment are composed in the totaka metre. In this metre the 3rd, 6th, 9th and 12th syllable are long while the rest are short. The verse consists of four quarters of twelve syllables each.		
3	16	हस्तामलकाचार्य	हस्त आमलक आचार्य
	Hastāmalaka. Who explained the essence of divine wisdom with utmost clarity, just as a gooseberry held in one's palm is clearly seen.		

4	17	सुबोध	सु–बोध Subodha
	The one whose awareness is wise and pure		
5	18	सुरेश्वराचार्य	सुरेश्वर आचार्य = मण्डन मिश्र
	Sureśvarācārya. The one whose discourse is heavenly, soothing, apt and scholarly.		
6	19	नित्यानन्द	नित्य आनन्द Nityānanda
	The one who is eternally blissful		
7	20	आनन्दगिरि	आनन्द गिरि Ānandagiri
	The one whose core is bliss		
8	21	दृढभक्ति	दृढ भक्ति Dṛḍhabhakti
	The one whose devotion to Lord is supreme		
9	22	नित्यनाथ	नित्य नाथ Nityanātha
	The one who is the eternal protector		
10	23	योगानन्द	योग आनन्द Yogānanda
	The one united in yogic bliss		
11	24	सुरिन्द्र	सुरू इन्द्र Surindra
	The one whose senses are turned inward like the effect of meditative music		
12	25	मेधातिथि	मेधा अतिथि Medhātithi
	The one whose awareness is always lit		
13	26	भारतिवंश	भारति वंश
	Bhārativaṃśa. whose dynasty is protective		
14	27	सुमति	सु–मति Sumati
	The one whose intellect is wise and pure		

Cast of Characters

BRAHMAN
VEIL *of* MAYA
Desire-to-do

The discourse giver = Adi Sankara
The listener = Devotee = you or me

Centers established by Adi Sankara

Math	State
ज्योतिर्मठ, बद्रीनाथ Joshimath, Badrinath	Uttarakhand, Himalayas, NORTH
गोवर्धनपीठ, पुरी Govardhanpeeth, Puri	Orissa, Bay of Bengal, EAST
शारदापीठ, द्वारिका Sharadapeeth, Dwaraka	Gujarat, Arabian Sea, WEST
श्रृंगेरीपीठ, मैसूर Sringeripeeth, Western Ghats	Chikmagalur, Karnataka, SOUTH

Table of Contents

PREFACE 4

ĀDI ŚAṄKARA AND 14 DISCIPLES...............6

CAST OF CHARACTERS 8

TABLE OF CONTENTS 9

BLESSING 11

PRAYER 12

OPENING REFRAIN 14

    01. See the Lord Listen to the Lord's Word 15

NOW TWELVE VERSES BY THE MASTER.........16

    02. O young man!..17
    03. An inviting lass 19
    04. See how delicate 21
    05. Stretch your earnings 23
    06. Make your Breath Noble 25
    07. Children are so engrossed 27
    08. Who and What attracts 29
    09. Take the refuge of a Master 31
    10. Youth is gone but not so lust 33
    11. Possessions are short lived.........................35
    12. Daylight gives way to Nightshade 37
    13. O Innocent one!..39

NOW FOURTEEN VERSES BY INTIMATE DISCIPLES 40

    14. Different Humans prefer different.............41
    15. Mate! The body is for a Purpose 43
    16. The Fire shall always be present 45
    17. In the free time all go for picnic outings....47
    18. Victory spelled in Verse 18 = Jaya.............49
    .....kasya sukhaṃ na karoti virāgaḥ 49
    19. Societal gratification is never enough.......51
    20. Sounds difficult but it ain't 53
    21. Sinusoidal is life's roller coaster................55

22. After the show 57

23. Who is THAT Ultimate Supreme Being? 59

24. You and Me, me and you 61

25. Pushing the wall, ok push hard 63

26. Six are the Shackles 65

27. You will come to the pass 67

FOUR VERSES AT END OF BEATITUDE **68**

28. Body is lustful, mind is desirous 69

29. Too much wealth is a blind alley 71

30. I have discovered 4 nuggets 73

31. And then you are Free 75

LATER ADDITION OF 2 VERSES **76**

ETYMOLOGY OF UPANISHAD **77**

LATIN TRANSLITERATION CHART **78**

VERSES FOR SINGING **79**

CHANDAS METER OF THE VERSES **92**

SANSKRIT GRAMMAR **93**

CONJUGATION PROCESS OF VERB **96**

DECLENSION PROCESS OF NOUN **97**

REFERENCES **98**

EPILOGUE **100**

Blessing

अद्वैत वेदान्त की रोशनी से देखते हैं तो जीवन खिल जाता है, जीवन का मूल रहस्य खुलने लगता है, जीवन में आनन्द बहने लगता है । बार बार आदि शङ्कर कहते हैं "जाति–नीति–कुल–गोत्र–दूरगं नाम–रूप–गुण–दोष–वर्जितम् " यह सब से हम अलग हैं , कोई जाति नहि है कोई कुल नहि है , इन सब से हम उपर हैं । वह ब्रह्म तत्व है उसको आत्मसाथ करो – तुम वहि हो – यह जान के चलो ।

यह ज्ञान की गहराई में उतरते उतरते ध्यान लगने लग जाता है । ध्यान की सम्पत्ति हो फिर सङ्कल्प शक्ति अपने आप उपजति है ।

नैष्कर्म सिद्धि – जो सोचा वह काम होने लगे । ऐसि सिद्धि हमे जीवन में प्राप्त करनी है , कर सकते हैं और कठिन नहि है । हमे अपने मन को शुद्ध रखना पडेगा । इसके लिये आदि शंकर कहते हैं – भज गोविन्दं भज गोविन्दं ...

Sri Sri Ravi Shankar
Adi Sankara Jayanti 28th April 2020
https://www.youtube.com/watch?v=mwD4BbeZ9Fs

Acknowledgements

On the occasion of Akshay Tritiya, Sri Sri conducts online soul stirring Satsang at 7pm IST.
https://www.youtube.com/watch?v=wFhSlYLDZUo

Prayer

भज गोविन्दं
भज गोविन्दं
गोविन्दं भज मूढ मते ।

bhaja govindaṃ bhaja govindaṃ,
govindaṃ bhaja mūḍha mate |

https://www.youtube.com/watch?v=xb-Go2fLdPY

Unity Invocation

O Innocent Traveller!

> See the Lord everywhere
> Chant the Lord's Name regularly
> Thus shall the Lord Blossom verily

In thy Heart.

Opening Refrain

When singing, the first half of this verse is sung along with each verse of Bhaja Govindam.

भज गोविन्दं भज गोविन्दं
गोविन्दं भज मूढमते ।
सम्प्राप्ते सन्निहिते काले
नहि नहि रक्षति डुकृञ् करणे ॥ १ ॥

bhaja govindaṃ bhaja govindaṃ
govindaṃ bhaja mūḍhamate ।
samprāpte sannihite kāle
nahi nahi rakṣati ḍukṛñ karaṇe ॥ 1 ॥

भज $^{\text{लोट्}}$ $^{ii/1}$ sing गोविन्दं $^{m2/1}$ the Lord's name भज $^{\text{लोट्}}$ $^{ii/1}$ teach गोविन्दं $^{m2/1}$ the Lord's word गोविन्दं $^{m2/1}$ Lord alone भज $^{\text{लोट्}}$ $^{ii/1}$ discuss with all earnestness मूढ-मते $^{V1/1}$ O Innocent One! । सम्प्राप्ते $^{m7/1}$ In the final reckoning सन्निहिते $^{m7/1}$ काले $^{m7/1}$ when time hangs heavy नहि ^{0} नहि ^{0} रक्षति $^{\text{लट्}}$ $^{iii/1}$ to no avail is डुकृञ् करणे $^{n1/1}$ talent, wealth or power ॥

मूढमते from stem मूढमति f ।

01. See the Lord Listen to the Lord's Word

See the Lord

Listen to the Lord's Word

Recite his name

O innocent lad.

speak of Him with a loving heart.

At the crucial hour of Great need
surely that alone,
Not any other talent nor wealth

shall come to your rescue.

Now Twelve Verses by the Master

द्वादशमञ्जरिकाभिरशेषः कथितो वैयाकरणस्यैषः ।
उपदेशोऽभूद्विद्यानिपुणैः श्रीमच्छङ्करभगवच्छरणैः ॥

dvādaśamañjarikābhiraśeṣaḥ kathito vaiyākaraṇasyaiṣaḥ |
upadeśo'bhūdvidyānipuṇaiḥ

śrīmacchaṅkarabhagavaccharaṇaiḥ ॥

The initial refrain and succeeding twelve verses are attributed to Adi Sankara.

मूढ जहीहि धनागमतृष्णां
कुरु सद्बुद्धिं मनसि वितृष्णाम् ।
यल्लभसे निजकर्मोपात्तं
वित्तं तेन विनोदय चित्तम् ॥ २ ॥

mūḍha jahīhi dhanāgamatṛṣṇāṃ

kuru sadbuddhiṃ manasi vitṛṣṇām |

yallabhase nijakarmopāttaṃ

vittaṃ tena vinodaya cittam ॥ 2 ॥

मूढ $^{V1/1}$ O Child! जहीहि $^{लोट् \, ii/1}$ you drop here and now धन-आगम-तृष्णां $^{f2/1}$ feverish craving for money and scholarship,   कुरु $^{लोट् \, ii/1}$ you set right सद्बुद्धिं $^{f2/1}$ reason and ambition,   मनसि $^{n7/1}$ in the mind वितृष्णाम् $^{f2/1}$ reign in your racing thoughts ।

यत् $^{n1/1}$ Whatever लभसे $^{लट् \, ii/1}$ gain निजकर्म-उपात्तं $^{PPP \, n1/1}$ earned of honest effort, वित्तं $^{n2/1}$ wealth तेन $^{n3/1}$ with that विनोदय $^{लोट् \, ii/1}$ entertain चित्तम् $^{n2/1}$ the memory ॥

02. O young man!

Wealth shall surely pull you
magnetically with tremendous force,

w e a v e out of its spell by **pragmatic** reasoning.

The special technique of escaping its tentacles gets
revealed by earnest effort. Sincerity naturally stems
the inflow of intoxicating tendencies.

Direct each peaceful moment
gained by the strength of sincere effort
in remembering the great Lord.

Your mind shall surely feel
that soothing sweetness of contentment.

नारीस्तनभरनाभीदेशं
दृष्ट्वा मा गा मोहावेशम् ।
एतन्मांसवसादिविकारं
मनसि विचिन्तय वारं वारम् ॥ ३ ॥

nārīstanabharanābhīdeśaṃ
dṛṣṭvā māgā mohāveśam |
etanmāṃsavasādivikāraṃ
manasi vicintaya vāraṃ vāram || 3 ||

नारी–स्तनभर–नाभी–देशं $^{m2/1}$ attractive luscious heady figure दृष्ट्वा ^{0} $^{क्त्वा}$ having glimpsed मा ^{0} do not अगाः $^{लुङ्\,ii/1}$ fall for nor मोह–आवेशम् $^{n2/1}$ succumb to foolhardiness |

एतत् $^{n2/1}$ This मांस–वस–आदि–विकारं $^{m2/1}$ flesh, fat only composition मनसि $^{n7/1}$ in the mind विचिन्तय $^{लोट्\,ii/1}$ you must reaffirm वारं ^{0} वारम् $^{0\,adverb}$ again and again ||

मा+अगाः -> माऽगाः । The avagraha symbol is traditionally not seen in this verse.
अगाः + मोहावेशम् -> अगा मोहावेशम् । Visarga sandhi.

03. An inviting lass

An inviting lass
>   with **fulsome** breasts
>   curvaceous **curves**
>   dizzying **belly** button

can surely pull you off your feet
and turn your head.

know It's a transitory pleasure
unless you plan to stick to her.
When your mind c o o l s decide
if she's good for a lifetime,

<u>Only that bounty is worth that lasts</u>.

नलिनीदलगतजलमतितरलं
तद्वज्जीवितमतिशयचपलम् ।
विद्धि व्याध्यभिमानग्रस्तं
लोकं शोकहतं च समस्तम् ॥ ४ ॥

nalinīdalagatajalamatitaralaṃ
tadvajjīvitamatiśayacapalam |
viddhi vyādhyabhimānagrastaṃ
lokaṃ śokahataṃ ca samastam ‖ 4 ‖

नलिनी-दलगत-जलम् $^{n1/1}$ On lotus petal a dewdrop अति–तरलं $^{n1/1}$ very momentary तद्वत् ^{0} likewise जीवितम् $^{n1/1}$ life अतिशय-चपलम् $^{n1/1}$ exceedingly-uncertain ।

विद्धि $^{लोट् \ ii/1}$ You should understand व्याधि-अभिमान-ग्रस्तं $^{PPP \ n1/1}$ illness-vain ego-afflicted लोकं $^{m2/1}$ this world शोक–हतं $^{PPP \ n1/1}$ grief governed च ^{0} and समस्तम् $^{m2/1}$ most of it ॥

04. See how delicate

See how delicate
a fresh lotus bud,
how fragile the dewdrop
on its petal,

Understand thus the vagaries of life
before embarking on your **new** found pleasure.

Prone to
bite,
snap,
or break apart

are the flimsy relationships.

They pump your ego beyond its ballooning capacity,
an empty bitterness willy nilly takes a stranglehold.

यावद्वित्तोपार्जनसक्तस्
तावन्निजपरिवारो रक्तः ।
पश्चाज्जीवति जर्जरदेहे
वार्तां कोऽपि न पृच्छति गेहे ॥ ५ ॥

yāvadvittopārjanasaktas
tāvannijaparivāro raktaḥ |
paścājjīvati jarjaradehe
vārtāṃ ko'pi na pṛcchati gehe ‖ 5 ‖

यावत्[0] Till वित्त-उपार्जन-सक्तः [m1/1] wealth-earning-capability तावत्[0] that time निज–परिवारः [m1/1] own-family रक्तः [m1/1] cares for ।

पश्चात् [0 adverb] After exhausting capability जीवति [लट् iii/1] one lives जर्जर-देहे [m7/1] in a frame made dysfunctional by old-age, वार्तां [f2/1] news कः [m1/1] अपि[0] न[0] not one soul पृच्छति [लट् iii/1] enquires गेहे [m7/1] at home ‖

05. Stretch your earnings

Stretch your earning
To go the last mile.

S p e n d wisely.

live in **balance** and
forge **beautiful** friendships.

Surely you shall get tired
feeble Old age shall sorely
miss loving company

remember

an aged body is not valued by the business
community nor revered by distant grandchildren.

यावत्पवनो निवसति देहे
तावत् पृच्छति कुशलं गेहे ।
गतवति वायौ देहापाये
भार्या बिभ्यति तस्मिन्काये ॥ ६ ॥

yāvatpavano nivasati dehe

tāvat pṛcchati kuśalaṃ gehe |

gatavati vāyau dehāpāye

bhāryā bibhyati tasminkāye || 6 ||

यावत् [0] Till पवनः [m1/1] the prana निवसति [लट् iii/1] moves देहे [m7/1] in the body तावत् [0] that time पृच्छति [लट् iii/1] enquires कुशलं [n2/1] well-being गेहे [n7/1] at home and workplace |

गतवति [m7/1] At departure वायौ [m7/1] of life-force देह–अपाये [m7/1] in a lifeless form भार्याः [f1/3] spouses बिभ्यति [लट् iii/3] fearfully keep distance तस्मिन् [m7/1] of that काये [m7/1] frame ॥

गतवति from stem *गतवत्* m.

06. Make your Breath Noble

Hone your breathing p a t t e r n,
its movements

verily modulate your **aura**
make you **valued** in the
world of men.

Know this for sure,
a partner unsatisfied shall weaken your breath,

once weakened,
you cannot perform
nor attain to honor
in the world of men.

बालस्तावत् क्रीडासक्तः
तरुणस्तावत् तरुणीसक्तः ।
वृद्धस्तावच्चिन्तासक्तः
परमे ब्रह्मणि कोऽपि न सक्तः ॥ ७ ॥

bālastāvat krīḍāsaktaḥ
taruṇastāvat taruṇīsaktaḥ |
vṛddhastāvaccintāsaktaḥ
parame brahmaṇi ko'pi na saktaḥ || 7 ||

बालः $^{m1/1}$ a child तावत् ^{0} till then क्रीडा-सक्तः $^{m1/1}$ addicted to games, तरुणः $^{m1/1}$ a youth तावत् ^{0} till then तरुणी-सक्तः $^{m1/1}$ attracted to the opposite sex ।

वृद्धः $^{m1/1}$ old age तावत् ^{0} spent in चिन्ता-सक्तः $^{m1/1}$ needless anxiety,

परमे $^{n7/1}$ In the ultimate ब्रह्मणि $^{n7/1}$ in Brahman कोऽपि ^{0} न ^{0} none सक्तः $^{m1/1}$ is crazy about ॥

07. Children are so engrossed

children are so engrossed
in their **baby** games,

youth are so attracted
to the **opposite** sex,

old age comes running
to **mend** your ways.

things come to a grinding halt in the END.
How come none sees through this VEIL?

It's a wonder
the
DIVINE trail
is r a r e l y travelled.

का ते कान्ता कस्ते पुत्रः
संसारोऽयमतीव विचित्रः ।
कस्य त्वं कः कुत आयातस्
तत्त्वं चिन्तय तदिह भ्रातः ॥ ८ ॥

kā te kāntā kaste putraḥ

saṃsāro'yamatīva vicitraḥ |

kasya tvaṃ kaḥ kuta āyātas

tattvaṃ cintaya tadiha bhrātaḥ || 8 ||

का $^{f1/1}$ What of ते $^{f6/1}$ your कान्ता $^{f1/1}$ beloved, कः $^{m1/1}$ what about ते $^{m6/1}$ your पुत्रः $^{m1/1}$ progeny, संसारः $^{m1/1}$ world अयम् $^{m1/1}$ this अतीव ^{0} quite विचित्रः $^{m1/1}$ incredible |

कस्य $^{m6/1}$ Of who त्वं $^{m1/1}$ you, कः $^{m1/1}$ What, कुतः ^{0} From where आयातः $^{PPP\,m1/1}$ came, तत्त्वं $^{n2/1}$ Essence चिन्तय $^{लोट्\,ii/1}$ you must reflect तत् $^{n2/1}$ That इह ^{0} This भ्रातः $^{V1/1}$ O Comrade! ॥

भ्रातः *from stem* भ्रातृ *m.*

08. Who and What attracts

Who and What attracts;
Drowns you in indulgence?

how come
Son's wrongdoing is overlooked?

Fraught with danger
are the worldly pleasures,
take a moment to be with yourself.

Breathe deeply.
Question yourself.

A) **who** is my well-wisher and source of power?
B) who **am** I?
C) where do I come from **where** do I **wish** to go?

take out quality time for yourself,
dive deep into the hidden depths of your heart,
reach out to the unstated yearnings of your soul,

FACE YOURSELF

सत्सङ्गत्वे निस्सङ्गत्वं
निस्सङ्गत्वे निर्मोहत्वम् ।
निर्मोहत्वे निश्चलतत्त्वं
निश्चलतत्त्वे जीवन्मुक्तिः ॥ ९ ॥

satsaṅgatve nissaṅgatvam
nissaṅgatve nirmohatvam |
nirmohatve niścalatattvam
niścalatattve jīvanmuktiḥ || 9 ||

सत्-सङ्गत्वे $^{n7/1}$ In the company of the wise निस्-सङ्गत्वं $^{n1/1}$ worldly bonds loosen, निस्-सङ्गत्वे $^{n7/1}$ By loosening of social obligations निर्-मोहत्वम् $^{n1/1}$ a great freedom arises |

निर्-मोत्वे $^{n7/1}$ By the sense of freedom निस्-चलतत्त्वं $^{n1/1}$ mind ceases to bother, निस्-चलतत्त्वे $^{n7/1}$ By cessation of the mind जीवन्-मुक्तिः $^{PPP\ m1/1}$ life's purpose is attained ||

09. Take the refuge of a Master

Seek the company of the wise,
spend time in honest company,
meditate and sing.

That shall guard you
from danger,
it shall loosen
the shackles of self-imprisonment.

And then you can choose
a better profession

your talents
shall surely blossom.

That will make life worth living
It will justify your HUMAN SHEATH

वयसि गते कः कामविकारः
शुष्के नीरे कः कासारः ।
क्षीणे वित्ते कः परिवारो
ज्ञाते तत्त्वे कः संसारः ॥ १० ॥

vayasi gate kaḥ kāmavikāraḥ
śuṣke nīre kaḥ kāsāraḥ |
kṣīṇe vitte kaḥ parivārao
jñāte tattve kaḥ saṃsāraḥ || 10 ||

वयसि [n7/1] When age गते क [n7/1] has advanced, कः [m1/1] of what importance काम–विकारः [m1/1] loose thoughts, शुष्के क [n7/1] When dries नीरे क [n7/1] all water कः [m1/1] of what use कासारः [m1/1] a lake |

क्षीणे क [m7/1] When decays वित्ते क [m7/1] all wealth कः [m1/1] of what use परिवारः [m1/1] immovable assets , ज्ञाते क [m7/1] After self-realization तत्त्वे क [m7/1] of purpose कः [m1/1] of what significance संसारः [m1/1] society ||

10. Youth is gone but not so lust

Youth has ebbed,
LUST remains

The Tongue has become untasting
MIND doesn't let go pond-full drinking

liquidity is weakened
but
credit card hasn't expired

Pinch yourself
to waken to reality
least you depart
with dreams and regret

मा कुरु धनजनयौवनगर्वं
हरति निमेषात्कालः सर्वम् ।
मायामयमिदमखिलं हित्वा
ब्रह्मपदं त्वं प्रविश विदित्वा ॥ ११ ॥

mā kuru dhanajanayauvanagarvaṃ
harati nimeṣātkālaḥ sarvam |
māyāmayamidamakhilam hitvā
brahmapadaṃ tvaṃ praviśa viditvā ‖ 11 ‖

मा [0] Do not कुरु [लोट् ii/1] have धन-जन-यौवन-गर्वं [n2/1] wealth-family-youth-vanity, हरति [लट् iii/1] Snatches निमेषात् [0] adverb in the twinkling of an eye कालः [m1/1] providence सर्वम् [n2/1] it all |

माया-मयम् [n2/1] Make-believe इदम् [n2/1] this अखिलं [n2/1] entire हित्वा [0 त्वा] having shunned, ब्रह्म–पदं [n2/1] Ultimate step त्वं [m1/1] you प्रविश [लोट् ii/1] take विदित्वा [0 त्वा] having understood ‖

11. **Possessions are short lived**

Possessions are short lived
Youthfulness is just a decade long
Your C h i l d r e n shall fly the coop

- Master time not be mastered
- in Time banish your fantasies
- overcome Your smallness

Aim
for the **great** responsibility

enter
the space of **divine** thought

दिनयामिन्यौ सायं प्रातः
शिशिरवसन्तौ पुनरायातः ।
कालः क्रीडति गच्छत्यायुस्
तदपि न मुञ्चत्याशावायुः ॥ १२ ॥

dinayāminyau sāyaṃ prātaḥ
śiśiravasantau punarāyātaḥ |
kālaḥ krīḍati gacchatyāyus
tadapi na muñcatyāśāvāyuḥ ॥ 12 ॥

दिन-यामिन्यौ [m1/2] Day and night, सायं [n1/1] evening प्रातः [m1/1] morning, शिशिर-वसन्तौ [m1/2] winter and spring, पुनः [0] adverb again आयातः लट् [iii/2] cycles ।

कालः [m1/1] Time क्रीडति लट् [iii/1] plays, गच्छति लट् [iii/1] Disappears आयुः [m1/1] youth, तदपि [0] Still न [0] not मुञ्चति लट् [iii/1] loosens आशावायुः [m1/1] burning ambition ॥

12. Daylight gives way to Nightshade

Daylight gives way
to night's lamp
Dawn fades
to Dusk,

Winter blossoms as the Spring.

- Again and again this cycle is played
- Time surely has the last laugh

Body loses strength,
intellect loses wit,

a wonder that
desires assume emperorship.

का ते कान्ता धनगतचिन्ता
वातुल किं तव नास्ति नियन्ता ।
त्रिजगति सज्जनसङ्गतिरेका
भवति भवार्णवतरणे नौका ॥ १३ ॥

kā te kāntā dhanagatacintā

vātula kiṃ tava nāsti niyantā |

trijagati sajjanasaṅgatirekā

bhavati bhavārṇavataraṇe naukā || 13 ||

का $^{f1/1}$ What about ते $^{f6/1}$ your कान्ता $^{f1/1}$ beloved, धन-गत-चिन्ता $^{f1/1}$ acquisitions-losing-anxiety वातुल $^{V1/1}$ O trembling one! किं $^{n1/1}$ None तव $^{m6/1}$ yours, नास्ति $^{लट् \, iii/1}$ not are you नियन्ता $^{m1/1}$ the controller of your life | त्रि-जगति $^{n7/1}$ In the three states सज्जन-सङ्गतिः $^{f1/1}$ wise company, एका $^{f1/1}$ alone भवति $^{लट् \, iii/1}$ is भव–अर्णव-तरणे $^{n7/1}$ in deep-ocean-crossing नौका $^{f1/1}$ the raft ||

नियन्ता from stem नियन्तृ m.

13. O Innocent one!

O I n n o c e n t One

Passion Talent Resource are no use when body withers;

isn't the **One**
who created you,
gave you life,
gave you parents,
gave you home,
still not available?

In your three worlds of

- waking
- dreaming
- deep sleeping

isn't there someone
isn't there the one who
is with you all through?

Seek the **guidance** of a Guru, seek the **Satsanga** of the wise. Then alone your **awareness** shall open and your horizon widen. Then you will be able to navigate this seemingly **endless** journey with a purpose and clarity, making the **adventure** joyous and fulfilling.

The Central Cord now speaks from Cardinal directions
since the Crowd has grown bigger.

Now Fourteen Verses by Intimate Disciples

अथ चतुर्दश मञ्जरिकास्तोत्रम् । atha caturdaśa mañjarikāstotram

Adi Sankara was in the company of his intimate disciples, and hearing his soulful singing, each noble disciple sang a verse…

जटिलो मुण्डी लुञ्चितकेशः
काषायाम्बरबहुकृतवेषः ।
पश्यन्नपि च न पश्यति मूढो
ह्युदरनिमित्तं बहुकृतवेषः ॥ १४ ॥

jaṭilo muṇḍī luñchitakeśaḥ
kāṣāyāmbarabahukṛtaveṣaḥ ।
paśyannapi ca na paśyati mūḍho
hyudaranimittaṃ bahukṛtaveṣaḥ ॥ 14 ॥

जटिलः $^{m1/1}$ long tresses or beard, मुण्डी $^{m1/1}$ clean shaved लुञ्चित–केशः $^{m1/1}$ colorful hairdo, काषाय-अम्बर-बहु-कृत-वेषः $^{m1/1}$ saffron or sky blue-variously done attire ।

पश्यन् $^{शतृ\ m1/1}$ Seeing अपि^{0} still च^0 and न^0 not पश्यति $^{iii/1}$ sees मूढः $^{m1/1}$ the fool, हि^{0} indeed उदर–निमित्तं $^{n1/1}$ just belly sustenance बहुकृतवेषः $^{m1/1}$ all various garb ॥

मुण्डी from stem मुण्डिन् *m.*

14. Different Humans prefer different

Differing humans
prefer v a r y i n g
styles and roles.

FOR

> earning the same bread,
> talking the same tongue,
> walking the same path,

Some wear gaudy caps and flout headgear.
Some others keep themselves clean shaved.
Yet others have fancy hairstyles long tassels.

as if precious life is all about appearances!
isn't it?

As if **d**ress, **u**niform, **m**ake-up
is what the human **b**irth is for;

anyways such labor
sets them distinct from lower creatures.
marks them **distinct** from lower creatures.

So spoke **Padmapada** the Eastern Lighthouse.

अङ्गं गलितं पलितं मुण्डं
दशनविहीनं जातं तुण्डम् ।
वृद्धो याति गृहीत्वा दण्डं
तदपि न मुञ्चत्याशापिण्डम् ॥१५॥

aṅgaṃ galitaṃ palitaṃ muṇḍaṃ
daśanavihīnaṃ jātaṃ tuṇḍam |
vṛddho yāti gṛhītvā daṇḍaṃ
tadapi na muñcatyāśāpiṇḍam || 15 ||

अङ्गं n1/1 Body गलितं PPP n1/1 all decayed, पलितं PPP n1/1 greyed मुण्डं n1/1 hair, दशन–विहीनं n1/1 incapable of biting जातं PPP n1/1 became तुण्डम् n1/1 the mouth ।

वृद्धः m1/1 An Old person याति लट् iii/1 walks गृहीत्वा 0 त्वा having held दण्डं m2/1 a stick, तदपि0 Still न0 not मुञ्चति लट् iii/1 lets go आशा–पिण्डम् n1/1 fiery desire ॥

15. Mate! The body is for a Purpose

The human anatomy
It is to culture the mind
and emotion.

It is to GROW in stature and spirit
That's why you have a HUMAN garment.

Mate! the body shall soon wither, hair shall grey,
teeth shall pop, senses shall become dull.

Till when shall you run
erasing to-do lists?
Will you shop till you drop?

Desires keep manufacturing anew,
one birth ain't enough,
c o o l **down** s l o w **down**,
reflect introspect.

So spoke **Totakacharya** the Northern Lighthouse.

अग्रे वह्निः पृष्ठे भानुः
रात्रौ चुबुकसमर्पितजानुः ।
करतलभिक्षस्तरुतलवासस्
तदपि न मुञ्चत्याशापाशः ॥ १६ ॥

agre vahniḥ pṛṣṭhe bhānuḥ
rātrau cubukasamarpitajānuḥ |
karatalabhikṣastarutalavāsas
tadapi na muñcatyāśāpāśaḥ || 16 ||

अग्रे $^{n7/1}$ Firstly वह्निः $^{m1/1}$ the fireplace, पृष्ठे $^{n7/1}$ Secondly भानुः $^{m1/1}$ the sunlight, रात्रौ $^{f7/1}$ In the nighttime चुबुक–समर्पित–जानुः $^{m1/1}$ face-huddled-between knees ।

कर–तल–भिक्षः $^{m1/1}$ Palms-wide-alms, तरु–तल–वासः $^{m1/1}$ trees-under-rest, तदपि^{0} Still न^{0} does not मुञ्चति $^{लट्\ iii/1}$ let go आशा-पाशः $^{m1/1}$ the desire-noose ॥

16. The Fire shall always be present

The Fire shall always be present
to turn your Mills.

The Sunlight shall always awaken
to greet you Morning.

Long winter nights shall be there
to **brood** **hibernate** **make lov**e.

Food shall be there aplenty.
Space for shelter shall not run out.

- Transcend such fixations,
- Overcome limiting pursuits,
- Break free,

Escape the craving currents,

So spoke **Hastamalaka** the Western Lighthouse.

कुरुते गङ्गासागरगमनं
व्रतपरिपालनमथवा दानम् ।
ज्ञानविहीनः सर्वमतेन
भजति न मुक्तिं जन्मशतेन ॥ १७ ॥

kurute gaṅgāsāgaragamanaṃ

vrataparipālanamathavā dānam |

jñānavihīnaḥ sarvamatena

bhajati na muktiṃ janmaśatena || 17 ||

कुरुते $^{लट्\ iii/1}$ Does गङ्गा–सागर–गमनं $^{n2/1}$ Ganges and Ocean pilgrimage, व्रत–परिपालनम् $^{n2/1}$ Austerities practice, अथवा ^{0} or दानम् $^{n2/1}$ Giving charity ।

ज्ञान–विहीनः $^{m1/1}$ In the absence of right knowledge सर्व–मतेन $^{n3/1}$ as per wise counsel भजति $^{लट्\ iii/1}$ he gains न ^{0} not मुक्तिं $^{f2/1}$ liberation जन्म–शतेन $^{n3/1}$ even by living a hundred lives. ॥

17. In the free time all go for picnic outings

In free time folk go for picnics
That's nothing new.

River rafting and sea beaches
are favorite pastimes for men.

In peril
In danger
To **pass** the exam
To **land** the dream job
    all try to remember the Lord - no big deal that.

        When coffers start bursting –
           charity is thrown –
           it's not philanthropy.

          I tell you again and again,
I repeat it a 100 times in various ways.
This is not the goal of human birth,
It is far from **manhood**.

Thus spake **Subodha** the Perfected Brain.

सुरमन्दिरतरुमूलनिवासः
शय्या भूतलमजिनं वासः ।
सर्वपरिग्रहभोगत्यागः
कस्य सुखं न करोति विरागः ॥ १८ ॥

suramandiratarumūlanivāsaḥ

śayyā bhūtalamajinaṃ vāsaḥ |

sarvaparigrahabhogatyāgaḥ

kasya sukhaṃ na karoti virāgaḥ ॥ 18 ॥

सुर-मन्दिर-तरु-मूल-निवासः $^{m1/1}$ Life in a temple where chants and prayers are held and eating the offerings of a tree, शय्या $^{f1/1}$ Sleeping भूतलम् $^{n1/1}$ on the bare earth, अजिनं $^{n1/1}$ Deerskin वासः $^{m1/1}$ for cloth ।

सर्व-परिग्रह-भोग-त्यागः $^{m1/1}$ All-external possessions-desire for pleasures-abandoned,

कस्य $^{n6/1}$ Is there any सुखं $^{n2/1}$ joy and comfort in all of creation न^{0} करोति $^{लट् iii/1}$ विरागः $^{m1/1}$ that dispassion cannot deliver ॥

18. Victory spelled in Verse 18 = Jaya

When man **wakes** up from slumber
He begins to experience **grace**

The trees become his friends
They **tend** to his daily needs

Mother Earth touch heals him
Gives him all **strength** through walking

The fauna **protects** him

When all to-do-to-seek get erased
doth the bounty of Nature **pour.**

O! What demand the **great** Lord won't furnish?
cannot **fulfill**? is too cumbersome for Him?
First let dispassion take firm root in your heart.

Thus spake **Sureshvacharya** the Southern Lighthouse.

…..kasya sukhaṃ na karoti virāgaḥ

It is dispassion alone that could deliver all wishes,
Dispassion can fetch any Comfort.
Dispassion can fulfill every Pleasure.

योगरतो वा भोगरतो वा
सङ्गरतो वा सङ्गविहीनः ।
यस्य ब्रह्मणि रमते चित्तं
नन्दति नन्दति नन्दत्येव ॥ १९ ॥

yogarato vā bhogarato vā
saṅgarato vā saṅgavihīnaḥ |
yasya brahmaṇi ramate cittaṃ
nandati nandati nandatyeva ‖ 19 ‖

योग–रतः $^{m1/1}$ Indulging in austerities, **वा**^{0} or **भोग–रतः** $^{m1/1}$ indulging in pleasures **वा**^{0} or **सङ्ग–रतः** $^{m1/1}$ indulging in friends **वा**^{0} or **सङ्ग–विहीनः** $^{m1/1}$ strictly abstaining from company |

यस्य $^{m6/1}$ The one who **ब्रह्मणि** $^{n7/1}$ in Brahman **रमते** $^{लट्\ iii/1}$ delights **चित्तं** $^{n1/1}$ his mind, **नन्दति** $^{लट्\ iii/1}$ he rejoices **नन्दति** $^{लट्\ iii/1}$ he dances **नन्दति** $^{लट्\ iii/1}$ **एव**^{0} only he enjoys life ‖

19. Societal gratification is never enough

Society's attention is never enough
Self-gratification always falls short.

Family or **Friend**
both shall **become**
a bother and a burden.

Only the inward **eye** shall continue to delight.

Rise up Ye Soul
Rise above body and mind
Seek Yonder liberation

So sang **Nityananda** the Eternally Joyous.

भगवद्गीता किञ्चिदधीता
गङ्गा जललवकणिका पीता ।
सकृदपि येन मुरारिसमर्चा
क्रियते तस्य यमेन न चर्चा ॥ २० ॥

bhagavad gītā kiñcidadhītā
gaṅgā jalalavakaṇikā pītā |
sakṛdapi yena murārisamarcā
kriyate tasya yamena na carcā || 20 ||

भगवद्-गीता[f1/1] Bhagavad Gita किञ्चित्[0] a little अधीता [PPP f1/1] read or listened or chanted गङ्गा-जल–लव–कणिका [f1/1] Ganges water tiny drop पीता [PPP f1/1] sipped । सकृदपि[0] done even once,

येन [m3/1] By whom मुरारि–समर्चा [f1/1] Lord's glory singing or hearing क्रियते [लट् कर्मणि iii/1] is done तस्य [m6/1] he has यमेन [m3/1] with death or grief न[0] not चर्चा [f1/1] a tussle ॥

20. Sounds difficult but it ain't

Sounds difficult but it ain't
For the **intellect**
Yonder Bhagavad **Gita** is meant.

Gurgling sounds and
flowing nectar of waters
like the **Ganges**
        keeps senses and body fresh.

        By **listening** to the melody
        of **Srimad** Bhagvata or
        Stories of the Lord
        love gets **kindled** in the heart

    In no time are the shackles dissolved,
    without a quarrel the noose is loosened.

So sang **Anandagiri** the Kernel of Happiness.

पुनरपि जननं पुनरपि मरणं
पुनरपि जननी जठरे शयनम् ।
इह संसारे बहुदुस्तारे
कृपयाऽपारे पाहि मुरारे ॥ २१ ॥

punarapi jananaṃ punarapi maraṇaṃ
punarapi jananī jaṭhare śayanam |
iha saṃsāre bahudustāre
kṛpayā'pāre pāhi murāre ॥ 21 ॥

पुनरपि⁰ Cyclic जननं n1/1 comfort, पुनरपि⁰ cyclic मरणं n1/1 discomfort, पुनरपि⁰ cyclic जननी-जठरे m7/1 mother's womb शयनम् n1/1 lying in slumber ।

इह⁰ In this संसारे m7/1 worldly affair बहु–दुस्तारे m7/1 many a dangerous hurdle, कृपया f3/1 with grace अपारे m7/1 infinite पाहि लोट् ii/1 may protect you मुरारे V1/1 the great Lord! ॥

21. Sinusoidal is life's roller coaster

Sinusoidal alternating current is each soul's travel.
Many highs
Various lows
Equipoise setpoints in **between**.

With each new version
of your favorite gadget
bike automobile smartphone or app
steep learning curve makes you stoop

Never **s**atiating **R**elationships,
Flirts and Flick**s**,

Someone is needed to
BREAK the JINX.

So spoke **Dridhabhakti** the one Soaked in Devotion.

रथ्याचर्पटविरचितकन्थः
पुण्यापुण्यविवर्जितपन्थः ।
योगी योगनियोजितचित्तो
रमते बालोन्मत्तवदेव ॥ २२ ॥

rathyācarpaṭaviracitakanthaḥ
puṇyāpuṇyavivarjitapanthaḥ |
yogī yoganiyojitacitto
ramate bālonmattavadeva ‖ 22 ‖

रथ्या–चर्पट–विरचित–कन्थः m1/1 Discarded-torn-mended-rag cloth, पुण्य–अपुण्य–विवर्जित–पन्थः m1/1 Favorability-unfavorability-disassociated-path ।

योगी m1/1 The Yogi योग-नियोजित–चित्तः m1/1 with mind absorbed in Divine Union, रमते लट् iii/1 rejoices बाल–उन्मत्तवत् 0 as a child engrossed एव 0 likewise ‖

योगी *from stem* योगिन् *m.*

22. After the show

After the show
There is **no need** for the stage,
nor any make-up or the audience.

The hall is emptied, so is the **path**.
The story is now devoid of the **hero** and
there is no need for the **villain**.

The mind senses a stillness,
it is of oneness, a state of **Yoga**.

You have become a **Yogin**,
the child in you is wide awake,
and life has become a **Leela**.

Your **state** is an ambrosia of nectar.

These are the words of **Nityanatha** the one united in
Divine Oneness.

कस्त्वं कोऽहं कुत आयातः
का मे जननी को मे तातः ।
इति परिभावय सर्वमसारं
विश्वं त्यक्त्वा स्वप्नविचारम् ॥ २३ ॥

kastvaṃ ko'haṃ kuta āyātaḥ

kā me jananī ko me tātaḥ |

iti paribhāvaya sarvamasāraṃ

viśvaṃ tyaktvā svapnavicāram || 23 ||

कः [m1/1] Who are त्वं [m1/1] you, कः [m1/1] Who am अहं [m1/1] I, कुतः[0] From where आयातः [m1/1] have I come, का [f1/1] Who is मे [f6/1] my जननी [f1/1] source, कः [m1/1] Who मे [m6/1] is तातः [m1/1] my protector and maintainer ।

इति[0] Thus परिभावय [लोट् ii/1] deeply contemplate, सर्वम् [n1/1] all असारं [n1/1] senseless विश्वं [n1/1] society त्यक्त्वा [0 क्त्वा] having discarded as स्वप्न–विचारम् [n2/1] a dreamy-imagination ॥

23. Who is THAT Ultimate Supreme Being?

Who am I in relation to It? Where was I before birth?

What has made this thing called Mind?
What is it that thing called Soul?

Deeply enquire,
persevere in the search for Truth.

The needs of the body
the passions of the heart
even the sights and sounds

are all an entertaining magician's spell –
invest not your precious mind in them.

Such is the astute affirmation of **Yogananda** the one
established in yogic bliss.

त्वयि मयि चान्यत्रैको विष्णुर्
व्यर्थं कुप्यसि मय्यसहिष्णुः ।
भव समचित्तः सर्वत्र त्वं
वाञ्छस्यचिराद्यदि विष्णुत्वम् ॥ २४ ॥

tvayi mayi cānyatraiko viṣṇur
vyarthaṃ kupyasi mayyasahiṣṇuḥ |
bhava samacittaḥ sarvatra tvaṃ
vāñchasyacirādyadi viṣṇutvam || 24 ||

त्वयि mfn7/1 In the external you, **मयि** mfn7/1 in the internal me **च** 0 and **अन्यत्र** 0 also elsewhere, **एकः** m1/1 the one **विष्णुः** m1/1 essential principle;
व्यर्थं 0 Foolish **कुप्यसि** लट् ii/1 the conflicts you entertain and **मयि** m7/1 inner **असहिष्णुः** m1/1 impatience |

भव लोट् ii/1 You be **समचित्तः** m1/1 tranquil, **सर्वत्र** 0 All **त्वं** m1/1 you **वाञ्छसि** लट् ii/1 yearn for **अचिरात्** 0 adverb in no time (shall be fulfilled) **यदि** 0 if **विष्णुत्वम्** n2/1 this principle of equality || (you ingrain).

24. You and Me, me and you

Aren't we from far up there
from **deep** space?

Look minutely,
understand carefully,
aren't we all an electronic mass?

Analyze, Observe, peer through a Microscope,
electrons, electrons, a **positron**?

nah all electrons, everywhere electrons, just them
tiny fellows having a play.

Soon you melt, soon you meld, soon you disappear
in a **flash** it's all a twinkling mass.

MIND YOUSELF.

A pleasantly equitable mind,
a calm tranquil attitude is for you.

ELECTRONS MAKE MERRY SO DO YOU.

So spoke **Surindar** the music of Thoughtful Calmness.

शत्रौ मित्रे पुत्रे बन्धौ
मा कुरु यत्लं विग्रहसन्धौ ।
सर्वस्मिन्नपि पश्यात्मानं
सर्वत्रोत्सृज भेदाज्ञानम् ॥ २५ ॥

śatrau mitre putre bandhau
mā kuru yatnaṃ vigrahasandhau |
sarvasminnapi paśyātmānaṃ
sarvatrotsṛja bhedājñānam || 25 ||

शत्रौ [m7/1] Against the foe, मित्रे [m7/1] for the friend, पुत्रे [m7/1] for the progeny, बन्धौ [m7/1] for the relative, मा[0] do not कुरु लोट् [ii/1] be bound in making यत्नं [m2/1] undue effort विग्रह-सन्धौ [m7/1] in dividing or uniting । सर्वस्मिन् [m7/1] In all beings अपि[0] also पश्य लोट् [ii/1] one must notice आत्मानं [m2/1] one's own self, सर्वत्र[0] At all times उत्सृज लोट् [ii/1] one must discard भेद-अज्ञानम् [n2/1] the differences due to ignorance ॥

25. Pushing the wall, ok push hard

Plan for more than one lifetime to push an inch.

Conflicts are hard to disentangle, woolly knots are easier, never mind. Spend your energy, break your head, someday perhaps the antagonists relent. Friends or foes, no spite, nor infatuation is right.

Lift the Veil

there is no two

all space is only you.

Maya recedes if you try.

So spoke **Medhatithi** the awareness of Brilliant Reason.

कामं क्रोधं लोभं मोहं
त्यक्त्वाऽऽत्मानं भावय कोऽहम् । (पश्यति सोऽहम)
आत्मज्ञानविहीना मूढास्
ते पच्यन्ते नरकनिगूढाः ॥ २६ ॥

kāmaṃ krodhaṃ lobhaṃ mohaṃ

tyaktvā''tmānaṃ bhāvaya ko'ham |

ātmajñāna vihīnā mūḍhās

te pacyante narakanigūḍhāḥ || 26 ||

कामं m2/1 Lust क्रोधं m2/1 Anger लोभं m2/1 Greed मोहं m2/1 Infatuation त्यक्त्वा 0 त्वा having rejected, आत्मानं m2/1 As your own self भावय लोट् ii/1 you must consider all, कः m1/1 Who am अहम् m1/1 I ।

आत्म–ज्ञान–विहीनाः m1/3 Bereft of self-knowledge मूढाः m1/3 the depraved ते m1/3 they पच्यन्ते लट् कर्मणि iii/3 get churned in नरक–निगूढाः m1/3 painful senseless living ॥

26. Six are the Shackles

From each corner their might - first is desire to-set-
right, fuelled by angry bite. A small victory, soon
desire becomes bigger know it as greed. When that
erupts it covers the senses, nothing is then right.

Seek a Master well in time,
he will nip them before Nine.

Your insatiable deepest quest *Koham* = **Who am** I?
He shall teach *Soham* - He is Me –

the friend is me **the foe is me** the Great Lord is Me.

Don't wish to take the path. No matter, your mind
shall eat you slow so you can well experience each
blow.

Inside you shall burn. Your intellect shall ruin.
Great Folly. Preventable. Stoppable. HALT NOW.

So spoke **Bharativamsha** the doyen of Protection.

गेयं गीता नामसहस्रं
ध्येयं श्रीपतिरूपमजस्रम् ।
नेयं सज्जनसङ्गे चित्तं
देयं दीनजनाय च वित्तम् ॥ २७ ॥

geyaṃ gītā nāmasahasraṃ
dhyeyaṃ śrīpatirūpamajasram |
neyaṃ sajjanasaṅge cittaṃ
deyaṃ dīnajanāya ca vittam || 27 ||

गेयं यत् n1/1 Is to be sung गीता f1/1 the Bhagavad Gita and नाम–सहस्रं n1/1 the Vishnu Sahasranama, ध्येयं यत् n1/1 Is to be meditated upon, श्रीपति–रूपम् n1/1 the Lord's image अजस्रम् the unborn ।

नेयं यत् n1/1 Is to be sought सज्जन–सङ्गे m7/1 the company of the wise चित्तं n1/1 with full attention, देयं यत् n1/1 Is to be offered दीन–जनाय m4/1 to the poor folk च0 and वित्तम् n1/1 means for sustenance ॥

27. You will come to the pass

It is sure you shall in some life
sing the Bhagavad Gita.

In some future incarnation you shall
chant the Vishnu Sahasranama.

Whether as Emperor, middling, or the Beggar,
you shall turn to the Lord who owns all wealth,
to him who supplies and owns your bank balance.

Singers soaked in devotion shall draw you,
the pure and the innocent shall attract you.

Share your share with one and all,
irrespective of left and right,
unmindful of rich and poor.

So spoke **Sumati**, who had achieved the state of
transcendental equilibrium.

Four Verses at end of Beatitude

The Great Master sums up at the end. Following four verses are attributed to Adi Sankara.

सुखतः क्रियते रामाभोगः

पश्चाद्धन्त शरीरे रोगः ।

यद्यपि लोके मरणं शरणं

तदपि न मुञ्चति पापाचरणम् ॥ २८ ॥

sukhataḥ kriyate rāmābhogaḥ

paścāddhanta śarīre rogaḥ |

yadyapi loke maraṇam śaraṇam

tadapi na muñcati pāpācaraṇam ‖ 28 ‖

सुखतः[0] Seeking joy क्रियते लट् कर्मणि iii/1 is done रामा–भोगः m1/1 bodily intercourse, पश्चात्[0] Afterwards हन्त[0] Ah! शरीरे n7/1 in the body रोगः m1/1 illness ।

यद्यपि[0] Though लोके m7/1 in the world मरणं n1/1 death (causes) शरणं n1/1 final surrender, तदपि[0] Still न[0] not मुञ्चति लट् iii/1 is one free from पाप–आचरणम् n2/1 harmful tendency ‖

पश्चात् + हन्त -> *Consonant Sandhi Sutras 8.2.39, 8.4.62 ->* पश्चाद् + धन्त ।

28. Body is lustful, mind is desirous

Body is weakened, mind remains willing.

No matter,
      We all depart one day,

may
      another
            time
                 good sense
                      prevail.

अर्थमनर्थं भावय नित्यं
नास्ति ततः सुखलेशः सत्यम् ।
पुत्रादपि धनभाजां भीतिः
सर्वत्रैषा विहिता रीतिः ॥ २९ ॥

arthamanartham bhāvaya nityam
nāsti tataḥ sukhaleśaḥ satyam |
putrādapi dhanabhājām bhītiḥ
sarvatraiṣā vihitā rītiḥ || 29 ||

अर्थम् $^{m2/1}$ Lots of wealth अनर्थं $^{m2/1}$ causes ruin, भावय $^{लोट्}$ $^{ii/1}$ you must understand, नित्यं^{0} Lasting न^{0} not अस्ति $^{लट्}$ $^{iii/1}$ is ततः^{0} from that सुख–लेशः $^{m1/1}$ even fractional happiness, सत्यम् $^{n1/1}$ (this is) a fact ।

पुत्रात् $^{m5/1}$ From progeny अपि^{0} also धन–भाजां $^{m6/3}$ in acquiring comforts भीतिः $^{f1/1}$ fear (is tinged), सर्वत्र^{0} Everywhere एषा $^{f1/1}$ this विहिता $^{PPP\ f1/1}$ is experienced रीतिः $^{f1/1}$ tradition ॥

भाजां from stem भाज् m.

29. Too much wealth is a blind alley

Wealth is never enough that's the beauty. MIRAGE.

After many lifetimes have I come across this Truth.

You lure Wealth,
then it lures,
its binding strength
none can shear.

The wealthy make friends with fear, the Others know
no fear.

Fear is hidden in money, so says every Penny.

प्राणायामं प्रत्याहारं
नित्यानित्य विवेकविचारम् ।
जाप्यसमेतसमाधिविधानं
कुर्ववधानं महदवधानम् ॥ ३० ॥

prāṇāyāmaṃ pratyāhāraṃ
nityānitya vivekavicāram |
jāpyasametasamādhividhānaṃ
kurvavadhānaṃ mahadavadhānam || 30 ||

प्राणायामं $^{m2/1}$ Breathing Technique प्रत्याहारं $^{m2/1}$ Senses Balancing Technique नित्य–अनित्य-विवेक–विचारम् $^{m2/1}$ Unchanging-changing-discriminatory-contemplation ।

जाप्य–समेत–समाधि–विधानं $^{n2/1}$ Regularly Meditation Practice कुरु $^{लोट् \; ii/1}$ you must do,

अवधानं $^{n2/1}$ Earnestness, महत् $^{n2/1}$ great अवधानम् $^{n2/1}$ focus ॥

30. I have discovered 4 nuggets

- One is Breath control techniques called Pranayama or Sudarshan Kriya.
- Second is Prati-Aharam or saying thank you it's enough I am well fed and content.

Third is seeing the one in ALL and all in ONE.

Finally sit in solitude and pray,
dive deep within, enter Samadhi.

Again and again, be not forgetful don't be lax.

गुरुचरणाम्बुजनिर्भरभक्तः
संसारादचिराद्भव मुक्तः ।
सेन्द्रियमानसनियमादेवं
द्रक्ष्यसि निजहृदयस्थं देवम् ॥ ३१ ॥

gurucaraṇāmbujanirbharabhaktaḥ
saṃsārādacirādbhava muktaḥ |
sendriyamānasaniyamādevaṃ
drakṣyasi nijahṛdayasthaṃ devam ॥ 31 ॥

गुरु–चरण–अम्बुज–निर्भर–भक्तः m1/1 Guru's lotus like feet dependent upon devotee, संसारात् m5/1 from the clutches of society अचिरात् 0 adverb in no time भव लोट् ii/1 may you be मुक्तः PPP m1/1 freed ।

सेन्द्रिय–मानस–नियमात् m5/1 After having balanced the sensual mind एवं 0 only then द्रक्ष्यसि लिट् ii/1 you shall glimpse निज–हृदय–स्थं m2/1 in your own heart established देवम् m2/1 the Lordliness, the Divinity ॥

31. And then you are Free

Dear Devotee, you have passed.

By taking the dust of the lotus feet of the Guru,
you have shaken off the Maya.

May it Be well with Thee.

Persevere and look - lo and behold –
the great Lord is with you, He is within you.

He has risen, you have woken.

1012pm Jai Gurudev 1018pm

Later Addition of 2 Verses

मूढः कश्चन वैयाकरणो
डुकृञ्करणाध्ययन धुरीणः ।
श्रीमच्छङ्करभगवच्छिष्यैर्
बोधित आसीच्छोधितकरणः ॥

mūḍhaḥ kaścana vaiyākaraṇo
ḍukṛñkaraṇādhyayana dhurīṇaḥ |
śrīmacchaṅkarabhagavacchiṣyair
bodhita āsicchodhitakaraṇaḥ ||

भज गोविन्दं भज गोविन्दं
गोविन्दं भज मूढमते ।
नामस्मरणादन्यमुपायं
नहि पश्यामो भवतरणे ॥ ॥

bhajagovindaṃ bhajagovindaṃ
govindaṃ bhajamūḍhamate |
nāmasmaraṇādanyamupāyaṃ
nahi paśyāmo bhavataraṇe || ||

Etymology of Upanishad

व्युत्पत्ति / निर्वचनम्

Consider Adi Shankaracharya's derivation of the word 'Upanishad' as given in his bhashyam on the Katha Upanishad.

उप + नि + षद् + क्विप् –> उपनिषद्

The Sanskrit root from Dhatupatha 1c - 854, 6c - 1427 षद्ऌ विशरण–गति–अवसादनेषु has the three meanings, namely विशरण= wither, गति= attain, अवसादनं = sit.

In the context of wisdom, we can say
- wither away one's stupidity
- attain liberation
- sit with a conviction

The upasarga उप stands for nearness, closeness.

The upasarga नि stands for delving into, intensely.

The pratyaya क्विप् makes a noun, and while joining, it vanishes entirely.

Thus the word 'Upanishad' is formed, and it has the meaning of destroying one's ignorance and gaining freedom, when we sit devotedly at the feet of the Master.

Latin Transliteration Chart

International Alphabet of Sanskrit Transliteration (I.A.S.T.)

a	ā	i	ī	u	ū	r̥	r̥̄	l̥		
अ	आ	इ	ई	उ	ऊ	ऋ	ॠ	ऌ		
						◌ृ	◌ॄ	◌ॢ		
e	ai	o	au	ṃ	m̐	ḥ	Ardha Visarga	oṃ		
ए	ऐ	ओ	औ	◌ं	◌ँ	◌:	□	ॐ		

Consonants are shown with vowel 'a= अ' for uttering

ka	क	ca	च	ṭa	ट	ta	त	pa	प
kha	ख	cha	छ	ṭha	ठ	tha	थ	pha	फ
ga	ग	ja	ज	ḍa	ड	da	द	ba	ब
gha	घ	jha	झ	ḍha	ढ	dha	ध	bha	भ
ṅa	ङ	ña	ञ	ṇa	ण	na	न	ma	म

ya	ra	la	va		ḷa	'		
य	र	ल	व		ळ	ऽ		

Consonant only

					ka	क्अ = क	
śa	ṣa	sa	ha		k	क्	
श	ष	स	ह				

The symbol ꣳ is pronounced as गुं guṃ. It is an ayogavaha अयोगवाह sound seen in Vedic literature due to Sandhi.

Verses for Singing

Accents used in Sanskrit verses increase the power and flow of the mantras during chanting.

Anudatta ◌̤ = अनुदात्तः = signifies base pitch.

Udatta = उदात्तः = unmarked, standard pitch.

Svarita´ = स्वरितः = high pitch.

Dirgha Svarita˝ =दीर्घः स्वरितः = high to low to normal

https://www.youtube.com/watch?v=a5OZqRORcqA
Opening Refrain

भज गोविन्दं भज गोविन्दं
गोविन्दं भज मूढमते ।
सम्प्राप्ते सन्निहिते काले
नहि नहि रक्षति डुकृञ् करणे ॥ १ ॥ भज गोविन्दं भज गोविन्दं

मूढ जहीहि धनागमतृष्णां
कुरु सद्बुद्धिं मनसि वितृष्णाम् ।
यल्लभसे निजकर्मोपात्तं
वित्तं तेन विनोदय चित्तम् ॥ २ ॥ भज गोविन्दं भज गोविन्दं

नारीस्तनभरनाभीदेशं
दृष्ट्वा मा गा मोहावेशम् ।
एतन्मांसवसादिविकारं
मनसि विचिन्तय वारं वारम् ॥ ३ ॥ भज गोविन्दं भज गोविन्दं

नलिनीदलगतजलमतितरलं
तद्वज्जीवितमतिशयचपलम् ।
विद्धि व्याध्यभिमानग्रस्तं
लोकं शोकहतं च समस्तम् ॥ ४ ॥ भज गोविन्दं भज गोविन्दं

यावद्वित्तोपार्जनसक्तः
तावन्निजपरिवारो रक्तः ।
पश्चाज्जीवति जर्जरदेहे
वार्तां कोऽपि न पृच्छति गेहे ॥ ५ ॥ भज गोविन्दं भज गोविन्दं

यावत्पवनो निवसति देहे
तावत् पृच्छति कुशलं गेहे ।
गतवति वायौ देहापाये
भार्या बिभ्यति तस्मिन्काये ॥ ६ ॥ भज गोविन्दं भज गोविन्दं

बालस्तावत् क्रीडासक्तः
तरुणस्तावत् तरुणीसक्तः ।
वृद्धस्तावच्चिन्तासक्तः
परमे ब्रह्मणि कोऽपि न सक्तः ॥ ७ ॥ भज गोविन्दं भज गोविन्दं

का ते कान्ता कस्ते पुत्रः
संसारोऽयमतीव विचित्रः ।
कस्य त्वं कः कुत आयातः
तत्त्वं चिन्तय तदिह भ्रातः ॥ ८ ॥ भज गोविन्दं भज गोविन्दं

सत्सङ्गत्वे निस्सङ्गत्वं
निस्सङ्गत्वे निर्मोहत्वम् ।
निर्मोहत्वे निश्चलतत्त्वं
निश्चलतत्त्वे जीवन्मुक्तिः ॥ ९ ॥ भज गोविन्दं भज गोविन्दं

वयसि गते कः कामविकारः
शुष्के नीरे कः कासारः ।
क्षीणे वित्ते कः परिवारः
ज्ञाते तत्त्वे कः संसारः ॥ १० ॥ भज गोविन्दं भज गोविन्दं

मा कुरु धनजनयौवनगर्वं
हरति निमेषात्कालः सर्वम् ।
मायामयमिदमखिलं हित्वा
ब्रह्मपदं त्वं प्रविश विदित्वा ॥ ११ ॥ भज गोविन्दं भज गोविन्दं

दिनयामिन्यौ सायं प्रातः
शिशिरवसन्तौ पुनरायातः ।
कालः क्रीडति गच्छत्यायुः
तदपि न मुञ्चत्याशावायुः ॥ १२ ॥ भज गोविन्दं भज गोविन्दं

का ते कान्ता धनगतचिन्ता
वातुल किं तव नास्ति नियन्ता ।
त्रिजगति सज्जनसङ्गतिरेका
भवति भवार्णवतरणे नौका ॥ १३ ॥ भज गोविन्दं भज गोविन्दं

जटिलो मुण्डी लुञ्छितकेशः
काषायाम्बरबहुकृतवेषः ।
पश्यन्नपि च न पश्यति मूढः
ह्युदरनिमित्तं बहुकृतवेषः ॥ १४ ॥ भज गोविन्दं भज गोविन्दं

अङ्गं गलितं पलितं मुण्डं
दशनविहीनं जातं तुण्डम् ।
वृद्धो याति गृहीत्वा दण्डं
तदपि न मुञ्चत्याशापिण्डम् ॥ १५ ॥ भज गोविन्दं भज गोविन्दं

अग्रे वह्निः पृष्ठे भानुः
रात्रौ चुबुकसमर्पितजानुः ।
करतलभिक्षस्तरुतलवासः
तदपि न मुञ्चत्याशापाशः ॥ १६ ॥ भज गोविन्दं भज गोविन्दं

कुरुते गङ्गासागरगमनं
व्रतपरिपालनमथवा दानम् ।
ज्ञानविहीनः सर्वमतेन
मुक्तिं भजति न जन्मशतेन ॥ १७ ॥ भज गोविन्दं भज गोविन्दं

सुरमन्दिरतरुमूलनिवासः
शय्या भूतलमजिनं वासः ।
सर्वपरिग्रहभोगत्यागः
कस्य सुखं न करोति विरागः ॥ १८ ॥ भज गोविन्दं भज गोविन्दं

योगरतो वा भोगरतो वा

सङ्गरतो वा सङ्गविहीनः ।

यस्य ब्रह्मणि रमते चित्तं

नन्दति नन्दति नन्दत्येव ॥ १९ ॥ भज गोविन्दं भज गोविन्दं

भगवद्गीता किञ्चिदधीता

गङ्गा जललवकणिका पीता ।

सकृदपि येन मुरारिसमर्चा

क्रियते तस्य यमेन न चर्चा ॥ २० ॥ भज गोविन्दं भज गोविन्दं

पुनरपि जननं पुनरपि मरणं

पुनरपि जननी जठरे शयनम् ।

इह संसारे बहुदुस्तारे

कृपयाऽपारे पाहि मुरारे ॥ २१ ॥ भज गोविन्दं भज गोविन्दं

रथ्याचर्पटविरचितकन्थः

पुण्यापुण्यविवर्जितपन्थः ।

योगी योगनियोजितचित्तो

रमते बालोन्मत्तवदेव ॥ २२ ॥ भज गोविन्दं भज गोविन्दं

कस्त्वं कोऽहं कुत आयातः

का मे जननी को मे तातः ।

इति परिभावय सर्वमसारं

विश्वं त्यक्त्वा स्वप्नविचारम् ॥ २३ ॥ भज गोविन्दं भज गोविन्दं

त्वयि मयि चान्यत्रैको विष्णुर्
व्यर्थं कुप्यसि मय्यसहिष्णुः ।
भव समचित्तः सर्वत्र त्वं
वाञ्छस्यचिराद्यदि विष्णुत्वम् ॥ २४ ॥ भज गोविन्दं भज गोविन्दं

शत्रौ मित्रे पुत्रे बन्धौ
मा कुरु यत्नं विग्रहसन्धौ ।
सर्वस्मिन्नपि पश्यात्मानं
सर्वत्रोत्सृज भेदाज्ञानम् ॥ २५ ॥ भज गोविन्दं भज गोविन्दं

कामं क्रोधं लोभं मोहं
त्यक्त्वाऽऽत्मानं भावय कोऽहम् । (पश्यति सोऽहम्)
आत्मज्ञानविहीना मूढास्
ते पच्यन्ते नरकनिगूढाः ॥ २६ ॥ भज गोविन्दं भज गोविन्दं

गेयं गीता नामसहस्रं
ध्येयं श्रीपतिरूपमजस्रम् ।
नेयं सज्जनसङ्गे चित्तं
देयं दीनजनाय च वित्तम् ॥ २७ ॥ भज गोविन्दं भज गोविन्दं

सुखतः क्रियते रामाभोगः
पश्चाद्धन्त शरीरे रोगः ।
यद्यपि लोके मरणं शरणं
तदपि न मुञ्चति पापाचरणम् ॥ २८ ॥ भज गोविन्दं भज गोविन्दं

अर्थमनर्थं भावय नित्यं
नास्ति ततः सुखलेशः सत्यम् ।
पुत्रादपि धनभाजां भीतिः
सर्वत्रैषा विहिता रीतिः ॥ २९ ॥ भज गोविन्दं भज गोविन्दं

प्राणायामं प्रत्याहारं
नित्यानित्य विवेकविचारम् ।
जाप्यसमेतसमाधिविधानं
कुर्ववधानं महदवधानम् ॥ ३० ॥ भज गोविन्दं भज गोविन्दं

गुरुचरणाम्बुजनिर्भरभक्तः
संसारादचिराद्भव मुक्तः ।
सेन्द्रियमानसनियमादेवं
द्रक्ष्यसि निजहृदयस्थं देवम् ॥ ३१ ॥ समाप्तः ॥

मूढः कश्चन वैयाकरणो
डुकृञ्करणाध्ययन धुरिणः ।
श्रीमच्छम्कर भगवच्छिष्यै
बोधित आसिच्छोधितकरणः ॥

भजगोविन्दं भजगोविन्दं
गोविन्दं भजमूढमते ।
नामस्मरणादन्यमुपायं
नहि पश्यामो भवतरणे ॥ Later Addition ॥

bhaja govindaṃ bhaja govindaṃ
govindaṃ bhaja mūḍhamate |
samprāpte sannihite kāle
nahi nahi rakṣati ḍukṛñ karaṇe || 1 || bhaja govindaṃ

mūḍha jahīhi dhanāgamatṛṣṇāṃ
kuru sadbuddhiṃ manasi vitṛṣṇām |
yallabhase nijakarmopāttaṃ
vittaṃ tena vinodaya cittam || 2 || bhaja govindaṃ

nārīstanabharanābhīdeśaṃ
dṛṣṭvā māgā mohāveśam |
etanmāṃsavasādivikāraṃ
manasi vicintaya vāraṃ vāram || 3 || bhaja govindaṃ

nalinīdalagatajalamatitaralaṃ
tadvajjīvitamatiśayacapalam |
viddhi vyādhyabhimānagrastaṃ
lokaṃ śokahataṃ ca samastam || 4 || bhaja govindaṃ

yāvadvittopārjanasaktaḥ
tāvannijaparivāro raktaḥ |
paścājjīvati jarjaradehe
vārtāṃ ko'pi na pṛcchati gehe || 5 || bhaja govindaṃ

yāvatpavano nivasati dehe
tāvat pṛcchati kuśalaṃ gehe |

gatavati vāyau dehāpāye
bhāryā bibhyati tasminkāye || 6 || bhaja govindaṃ

bālastāvat krīḍāsaktaḥ
taruṇastāvat taruṇīsaktaḥ |
vṛddhastāvaccintāsaktaḥ
parame brahmaṇi ko'pi na saktaḥ || 7 || bhaja govindaṃ

kā te kāntā kaste putraḥ
saṃsāro'yamatīva vicitraḥ |
kasya tvaṃ kaḥ kuta āyātas
tattvaṃ cintaya tadiha bhrātaḥ || 8 || bhaja govindaṃ

satsaṅgatve nissaṅgatvaṃ
nissaṅgatve nirmohatvam |
nirmohatve niścalatattvaṃ
niścalatattve jīvanmuktiḥ || 9 || bhaja govindaṃ

vayasi gate kaḥ kāmavikāraḥ
śuṣke nīre kaḥ kāsāraḥ |
kṣīṇe vitte kaḥ parivāraḥ
jñāte tattve kaḥ saṃsāraḥ || 10 || bhaja govindaṃ

mā kuru dhanajanayauvanagarvaṃ
harati nimeṣātkālaḥ sarvam |
māyāmayamidamakhilam hitvā
brahmapadaṃ tvaṃ praviśa viditvā || 11 || bhaja

dinayāminyau sāyaṃ prātaḥ

śiśiravasantau punarāyātaḥ |
kālaḥ krīḍati gacchatyāyuḥ
tadapi na muñcatyāśāvāyuḥ || 12 || bhaja govindaṃ

kā te kāntā dhanagatacintā
vātula kiṃ tava nāsti niyantā |
trijagati sajjanasaṅgatirekā
bhavati bhavārṇavatараṇe naukā || 13 || bhaja govindaṃ

jaṭilo muṇḍī luñchitakeśaḥ
kāṣāyāmbarabahukṛtaveṣaḥ |
paśyannapi ca na paśyati mūḍhḥ
hyudaranimittaṃ bahukṛtaveṣaḥ || 14 || bhaja govindaṃ

aṅgaṃ galitaṃ palitaṃ muṇḍaṃ
daśanavihīnaṃ jātaṃ tuṇḍam |
vṛddho yāti gṛhītvā daṇḍam
tadapi na muñcatyāśāpiṇḍam || 15 || bhaja govindaṃ

agre vahniḥ pṛṣṭhe bhānuḥ
rātrau cubukasamarpitajānuḥ |
karatalabhikṣastarutalavāsaḥ
tadapi na muñcatyāśāpāśaḥ || 16 || bhaja govindaṃ

kurute gaṅgāsāgaragamanaṃ
vrataparipālanamathavā dānam |
jñānavihīnaḥ sarvamatena
muktiṃ bhajati na janmaśatena || 17 || bhaja govindaṃ

suramandiratarumūlanivāsaḥ
śayyā bhūtalamajinaṃ vāsaḥ |
sarvaparigrahabhogatyāgaḥ
kasya sukhaṃ na karoti virāgaḥ || 18 || bhaja govindam

yogarato vā bhogarato vā
saṅgarato vā saṅgavihīnaḥ |
yasya brahmaṇi ramate cittaṃ
nandati nandati nandatyeva || 19 || bhaja govindam

bhagavad gītā kiñcidadhītā
gaṅgā jalalavakaṇikā pītā |
sakṛdapi yena murārisamarcā
kriyate tasya yamena na carcā || 20 || bhaja govindam

punarapi jananaṃ punarapi maraṇam
punarapi jananī jaṭhare śayanam |
iha saṃsāre bahudustāre
kṛpayā'pāre pāhi murāre || 21 || bhaja govindam

rathyācarpaṭaviracitakanthaḥ
puṇyāpuṇyavivarjitapanthaḥ |
yogī yoganiyojitacitto
ramate bālonmattavadeva || 22 || bhaja govindam

kastvaṃ ko'haṃ kuta āyātaḥ
kā me jananī ko me tātaḥ |

iti paribhāvaya sarvamasāraṃ
viśvaṃ tyaktvā svapnavicāram || 23 || bhaja govindaṃ

tvayi mayi cānyatraiko viṣṇur
vyarthaṃ kupyasi mayyasahiṣṇuḥ |
bhava samacittaḥ sarvatra tvaṃ
vāñchasyacirādyadi viṣṇutvam || 24 || bhaja govindaṃ

śatrau mitre putre bandhau
mā kuru yatnaṃ vigrahasandhau |
sarvasminnapi paśyātmānaṃ
sarvatrotsṛja bhedājñānam || 25 || bhaja govindaṃ

kāmaṃ krodhaṃ lobhaṃ mohaṃ
tyaktvā''tmānaṃ bhāvaya ko'ham |
ātmajñāna vihīnā mūḍhās
te pacyante narakanigūḍhāḥ || 26 || bhaja govindaṃ

geyaṃ gītā nāmasahasraṃ
dhyeyaṃ śrīpatirūpamajasram |
neyaṃ sajjanasaṅge cittaṃ
deyaṃ dīnajanāya ca vittam || 27 || bhaja govindaṃ

sukhataḥ kriyate rāmābhogaḥ
paścāddhanta śarīre rogaḥ |
yadyapi loke maraṇaṃ śaraṇaṃ
tadapi na muñcati pāpācaraṇam || 28 || bhaja govindaṃ

arthamanartham bhāvaya nityaṃ
nāsti tataḥ sukhaleśaḥ satyam |
putrādapi dhanabhājām bhītiḥ
sarvatraiṣā vihitā rītiḥ || 29 || bhaja govindaṃ

prāṇāyāmam pratyāhāraṃ
nityānitya vivekavicāram |
jāpyasametasamādhividhānaṃ
kurvavadhānaṃ mahadavadhānam || 30 || bhaja

gurucaraṇāmbujanirbharabhaktaḥ
saṃsārādacirādbhava muktaḥ |
sendriyamānasaniyamādevaṃ
drakṣyasi nijahṛdayasthaṃ devam || 31 || END

mūḍhaḥ kaścana vaiyākaraṇo
ḍukṛñkaraṇādhyayana dhuriṇaḥ |
śrīmacchamkara bhagavacchiṣyai
bodhita āsicchodhitakaraṇaḥ ||

bhajagovindaṃ bhajagovindaṃ
govindaṃ bhajamūḍhamate |
nāmasmaraṇādanyamupāyaṃ
nahi paśyāmo bhavataraṇe || Later Addition ||

Chandas Meter of the Verses

This work is in the पादकुलकम् style of the meter called मात्रा–समक । The mātrā chandas is uncommon in classical Sanskrit. It is however very common in local Indian dialects like Hindi, Bengali, Gujarati, Kannada etc.

In mātrā chandas, each **verse** has 16 syllables, and in its पादकुलकम् style, each verse has 4 quarters, so each **quarter** has 16 syllables. Long vowels and Conjuncts are counted as **two mātrā**. This makes it very easy to sing and adapt to various melodies.

e.g. Verse 23

1,2	3, 4	5, 6	7, 8	9	10	11, 12	13, 14	15, 16	
कः	त्वं	को	हं	कु	त	आ	या	तः	
1,2	3, 4	5	6	7, 8	9, 10	11, 12	13, 14	15, 16	
का	मे	ज	न	नी	को	मे	ता	तः	
1	2	3	4	5, 6	7,8	9,10	11, 12	13, 14	15, 16
इ	ति	प	रि	भा	वय	सरू	वम	सा	रं
1	2, 3	4, 5	6, 7	8, 9	10, 11	12	13, 14	15, 16	
वि	श्वं	त्य	क्त्वा	स्व	म्न	वि	चा	रम्	

Sanskrit Grammar

Sandhis separated word by word पदच्छेद (प॰),

Verses in prose order अन्वय (अ॰),and with विभक्ति

Cases.

<u>Abbreviations</u>

Nouns

      m masculine, **f** feminine, **n** neuter; **V** vocative

      1/1 = vibhakti case from 1 to 7/number 1 to 3

Indeclinables (uninflected nouns or verbs) **0**

In Sanskrit the **adverbs** are mostly uninflected.

Verbs

      iii/1 = person i to iii / number 1 to 3

      PPP = Past Participle Passive = क्त

      PPA = Past Participle Active = क्तवत्

      PrPA = PresentParticiple Active = शतृ/ शानच्

      PoPP = PotentialParticiple Passive = य, तव्य,

      अनीयर् (gerund)

त्वा , ल्यप् = sense of "having done". Indeclinable.

तुमुन् = infinitive, in the sense of "to do". Indeclinable.

Anusvara and Makara have been kept as they are in

Padacheda, to avoid over work. E.g. इदं should be

written as इदम् in Padacheda.

Sanskrit Literature frequently omits the verb – "is".

The words भवति, अस्ति etc. are implicit.

e.g. Verse 8, संसारोऽयमतीव विचित्रः (भवति) ।

Since Sanskrit is an inflectional language, the **spelling of the same word** changes as per context or usage. Hence words can be **placed anywhere** in a sentence, as in poetic use, without change in meaning. The matrix shows how.

Verb inflections in Sanskrit – a sample chart

982 गम् गतौ – to go, also in the sense of attainment			
Present Tense Active voice लट् कर्त्तरि प्रयोगः			
Person/no	singular	dual	plural
Third	गच्छति[iii/1]	गच्छतः[iii/2]	गच्छन्ति[iii/3]
Second	गच्छसि[ii/1]	गच्छथः[ii/2]	गच्छथ [ii/3]
First	गच्छामि[i/1]	गच्छावः [i/2]	गच्छामः[i/3]

Noun declensions in Sanskrit – a sample chart

Masculine stem, vowel अ ending			
(रू–आ–म्–अ) राम[m] Lord's name			
	singular[1]	dual [2]	plural [3]
1 Doer	रामः[1/1]	रामौ[1/2]	रामाः[1/3]
2 Object	रामम्[2/1]	रामौ[2/2]	रामान्[2/3]
3 by	रामेण[3/1]	रामाभ्याम्[3/2]	रामैः[3/3]
4 for	रामाय[4/1]	रामाभ्याम्[4/2]	रामेभ्यः[4/3]
5 from	रामात्[5/1]	रामाभ्याम् [5/2]	रामेभ्यः[5/3]
6 of	रामस्य[6/1]	रामयोः[6/2]	रामाणाम्[6/3]
7 in	रामे[7/1]	रामयोः[7/2]	रामेषु[7/3]
Vocative	हे राम[V/1]	हे रामौ[V/2]	हे रामाः[V/3]

Masculine stem, consonant त् ending		
मरुत्[m] Wind, Breeze, Air		
	singular[1]	dual[2]	plural[3]
1 Doer	मरुत्[1/1]	मरुतौ[1/2]	मरुतः[1/3]
2 Object	मरुतम्[2/1]	मरुतौ[2/2]	मरुतः[2/3]
3 by	मरुता[3/1]	मरुद्भ्याम्[3/2]	मरुद्भिः[3/3]
4 for	मरुते[4/1]	मरुद्भ्याम्[4/2]	मरुद्भ्यः[4/3]
5 from	मरुतः[5/1]	मरुद्भ्याम्[5/2]	मरुद्भ्यः[5/3]
6 of	मरुतः[6/1]	मरुतोः[6/2]	मरुताम्[6/3]
7 in	मरुति[7/1]	मरुतोः[7/2]	मरुत्सु[7/3]
Vocative	हे मरुत्[V/1]	हे मरुतौ[V/2]	हे मरुतः[V/3]

Moods and Tenses in Sanskrit

1	लट्	Present Tense
2	लुङ्	Aorist Past Tense, *before from now onwards*
3	लङ्	Imperfect Past Tense – *before from yesterday onwards*
4	लिट्	Perfect Past Tense – *distant unseen past*
5	लृट्	Simple Future Tense – *now onwards*
6	लुट्	Periphrastic Future Tense – *tomorrow onwards*
7	लृङ्	Conditional Mood - *if/then in past or future*
8	लोट्	Imperative Mood – *request*
9	विधि–लिङ्	Potential Mood – *order* विधिलिङ् (also known as Optative Mood)
10	आशीर्–लिङ्	Benedictive Mood – *blessing* आशीर्लिङ् (also used in the sense of a curse)

Conjugation process of Verb

वदन्ति = they say, they describe.

1st conjugation Root, Parasmaipadi.

1009 √ वदँ व्यक्तायां वाचि । to tell, relate, describe.

1.3.1 भूवादयो धातवः । वदँ = वद्अँ ।

1.3.2 उपदेशेऽजनुनासिक इत् । 1.3.9 तस्य लोपः । वद् ।

3.4.69 लः कर्मणि च भावे चाकर्मकेभ्यः । वद् ।

3.2.123 वर्तमाने लट् । 3.4.77 लस्य । वद् + लँट् ।

1.3.3 हलन्त्यम् । 1.3.9 तस्य लोपः । वद्+लँ ।

1.3.2 उपदेशेऽजनुनासिक इत् । 1.3.9तस्य लोपः । वद्+ल ।

3.4.78 तिप्तस्झिसिप्थस्थमिब्वस्मस् तातांझथासाथांध्वमिड्वहिमहिङ् ।

1.4.199 लः परस्मैपदम् । choose Parasmaipada affix.

वद्+झि । we are conjugating third person

1.4.101 तिङस्त्रीणि त्रीणि प्रथममध्यमोत्तमाः ।

1.4.102 तान्येकवचनद्विवचनबहुवचनान्येकशः । वद्+झि । plural

1.4.108 शेषे प्रथमः । वद्+झि । this is called "प्रथमः" i.e. the

first and most used in language, third person.

3.4.113 तिङ्शित्सार्वधातुकम् । वद्+झि ।

3.1.68 कर्त्तरि शप् । वद्+शप्+झि ।

3.4.113तिङ्शित्सार्वधातुकम् । वद्+शप्+झि ।

7.1.3 झोऽन्तः । वद्+शप्+ अन्ति ।

1.3.3 हलन्त्यम्। 1.3.8लशक्वतद्धिते। 1.3.9तस्य लोपः।वद्+अ+अन्ति ।

6.1.97 अतो गुणे । वद्+अन्ति । sandhi drops the अकारः ।

8.3.24 नश्चापदान्तस्य झलि । वद् + अंति । Anusvara appears

8.4.58 अनुस्वारस्य ययि परसवर्णः । वद् + अन्ति ।

Anusvara again changes to नकारः ।

वद् + अन्ति = वदन्ति [iii/3] लट् । iii = 3rd person, 3 = plural.

Third person plural, Present Tense.

Declension process of Noun

ब्रह्म = Brahma. The Lord. Highest Intelligence.

Stem Brahmanब्रह्मन् n $\rightarrow$ ब्रह्म neuter Nominative [1/1]

The Great Lord. The Invisible presence.

1.2.45 अर्थवदधातुरप्रत्ययः प्रातिपदिकम् । ब्रह्मन्

1.2.46 कृत्तद्धितसमासाश्च । 3.1.1 प्रत्ययः । 3.1.2 परश्च ।

4.1.1 ङ्याप्प्रातिपदिकात् । 4.1.2 स्वौजस-

मौट्छष्टाभ्याम्भिस्ङेभ्याम्भ्यस्ङसिभ्याम्भ्यस्ङसोसाम्ङ्योस्सुप् ।

1.4.104विभक्तिश्च । 1.4.103 सुपः = use one of these

vibhakti suffix. ब्रह्मन् + सुँ ।

1.4.22 ब्येकयोर्द्विवचनैकवचने = singular number taken.

ब्रह्मन् + सुँ ।

7.1.23 स्वमोर्नपुंसकात् । 2.4.13 यस्मात्प्रत्ययविधिस्तदादि

प्रत्ययेऽङ्गम् । 6.4.1 अङ्गस्य । 1st and 2nd case Vibhakti

drops for neuter stem. ब्रह्मन् ।

1.4.17 स्वादिष्वसर्वनामस्थाने । The word gets पदसंज्ञा ।

ब्रह्मन् ।

8.2.7 न लोपः प्रातिपदिकान्तस्य । Final नकार drops.

ब्रह्म [n1/1] ।

Neuter. First case nominative singular. **Brahma.**
The Highest. The Supreme. Shiva. Purusha. Tao.
The Beautiful, The Love, The Infinite, The Divine.
Any name is **Him.**
All directions point to **It.** Every form is **She.**

References

https://www.ashtangayoga.info/philosophy/sanskrit-and-devanagari/transliteration-tool/

http://spokensanskrit.org/

https://nivedita2015.wordpress.com/bhaja-govindam-moha-mudgara/

https://sites.google.com/site/vedicscripturesinc/home/srishankaracharya/bhajagovindam

https://sanskritdocuments.org/doc_vishhnu/bhajagovindam.html?lang=sa

Complete Song
https://www.youtube.com/watch?v=xrNOEva86pA

Audio Singing by M.S. Subbulakshmi
https://www.youtube.com/watch?v=D8slUawzmPc

https://www.youtube.com/watch?v=PxXrLNiPvNo

Guided Meditations Sri Sri Ravi Shankar
https://www.youtube.com/playlist?list=PL480C9CCB94DF5D82

- श्री शङ्कर ग्रन्थावलिः Vol 1 – 2nd – 1981 - Samata Books, Madras.
- KLV Sastry & Anantarama Sastri – Sabda Manjari 1961 Ed – Reprint - 2013 – RS Vadhyar & Sons, Palghat.
- Swami Chinmayananda – Bhaja Govindam - 1st – 2013 – Chinmaya Prakashan, Powai.
- Ashwini Kumar Aggarwal – Dhatupatha of Panini – 2nd – 2017 – Devotees of Sri Sri Ravi Shankar Ashram, Punjab.
- Ashwini Kumar Aggarwal – Sanskrit Sandhi Handbook – 1st – 2019 – Devotees of Sri Sri Ravi Shankar Ashram, Punjab.

Epilogue

The laws of classical mechanics contrast sharply with those of Quantum Physics or the Unified String Theory; however each is valid and worthwhile.

So does the Advaita Vedanta of Adi Sankara hold good for the common man's upliftment and for peace amongst nations.

सर्वे भवन्तु सुखिनः । सर्वे सन्तु निरामयाः ।
सर्वे भद्राणि पश्यन्तु । मा कश्चिद् दुःख भाग्भवेत् ॥
ॐ शान्तिः शान्तिः शान्तिः ॥

When faith has blossomed in life,
Every step is led by the Divine.

Sri Sri Ravi Shankar

Om Namah Shivaya

जय गुरुदेव